Haïkus des roches blanches

Alain Rousseau

Haïkus des roches blanches

© 2021 Alain Rousseau
Édition : BoD - Books on Demand
12-14 rond-point des Champs-Élysées, 75008 Paris
Impression: BoD - Books on Demand, Norderstedt, Allemagne

Photographie de couverture : Alain Rousseau

ISBN : 978-2-322-40129-1
Dépôt légal : novembre 2021

*À Nelly, mon épouse,
à Perig et Morgan, mes fils,
à Elea, ma petite-fille.*

« La connaissance, qui nous met en présence du Tout, doit abolir l'amour-propre au lieu de le servir ».
LOUIS LAVELLE, *L'erreur de Narcisse.*

Paradoxalement, j'ai profité des confinements de l'année 2020 imposés par la covid-19 pour explorer le monde et ce faisant, j'ai découvert le haïku. Il s'agit d'un poème japonais classique, très codifié et extrêmement bref, dont la paternité, dans son esprit actuel, est attribuée au poète Matsuo Bashō (1644-1694). C'est un peu le bonsaï de la poésie. Sa version occidentale s'écrit en dix-sept syllabes, correspondant aux mores japonaises, réparties en trois vers de cinq, sept et cinq syllabes, sans rime, avec une césure (le *kireji*). Le haïku est voué à l'instantané, c'est-à-dire à l'idée ou au sentiment du moment associés à une saison (le *kigo*) ou au calendrier, ainsi qu'au caractère passager des êtres et des choses, sans que l'auteur ne se mette en avant.

Ces haïkus des roches blanches respectent la métrique japonaise. Ils sont présentés individuellement sur chaque page car il convient de prendre le temps de les lire un par un, éventuellement à haute voix, entrecoupés de pauses de respiration. Avec une économie de mots, ils reflètent l'attention au microcosme comme au macrocosme, à la beauté à la fois sauvage et subtile, simple et complexe, de cette nature dont nous sommes issus et avec laquelle il nous faut vivre en harmonie.

Vingt-cinq mille soirs
comme le temps file vite !
où est donc la lune ?

Éveil du printemps

quatre notes entêtantes

si ♭ fa sol mi

Tige d'orchidée

attirée par la fenêtre

rêve de tropiques

Perles de rosée
sur les toiles d'araignée
l'étoile au soleil

Aller à la pêche
sans vraiment l'avoir voulu
le premier avril

Quelle poule pond
tous ces œufs multicolores ?
dimanche de Pâques

Posé sur le verre
minuscule moucheron
c'est aussi la vie

*L'hirondelle fait
le printemps pour une fois
sur l'aile du vent*

Chercher le bonheur
les trèfles à quatre feuilles
se cachent dans l'herbe

Rencontre fortuite
voilà le petit bonhomme
de chemin tranquille

Faut presser le pas
il hachure l'horizon
l'abat d'eau d'avril

L'averse repeint

les paysages en gris

les peintres enragent

Masque abandonné
flottant dans le caniveau
polluant esquif

Qu'est-ce sous le pied ?
le sinistre craquement
d'un pauvre escargot

Une âcre fumée
s'exhalant des rangs de vignes
gelée matinale

Le vent d'ouest raconte

l'histoire des océans

désir d'évasion

Lever du soleil

montant la garde tout seul

un iris debout

Le chat la souris

regards en chiens de faïence

street art sur le mur

Triste premier mai
le virus a eu raison
des stands de muguet

Dans la fente du
trottoir — gentil coq'licot
madame l'évite

*La huppe pupule
semblable à un papillon
lorsqu'elle s'envole*

Brise du matin
aigrettes de pissenlits
se laissant porter

Le mercure monte

mai tu te crois en été

et dévêts les corps

Main sur le chemin
de son mont de Vénus nu
souffle haletant

Dans le ciel noir d'encre
un chapelet de lumières
« œuvre » d'Elon Musk

Du sang sur la peau
ses griffes elle a sorti
la blanche aubépine

Corbeille de fruits

aux couleurs du mois de mai

mais dehors la pluie

À cligne-musette

une mante religieuse

dans les herbes vertes

Le jour s'insinue
à travers le volet clos
rester enlacés

*Connu de certains
le grand acacia en fleurs
bourdonne au soleil*

Solstice d'été

poème le plus court pour

le jour le plus long

Tigres en approche
appâtés par le sang chaud
quels sales moustiques !

Soleil au zénith
les graviers blancs du jardin
crissent sous les pas

*Senteurs de curry
de l'immortelle argentée
chaleur étouffante*

Sortie à minuit
la pluie d'étoiles filantes
vite un parapluie !

*Oh ! se régalant
parmi les plans de tomates
des chenilles vertes*

Seul au bord de l'eau
le promeneur réfléchit
réflexion dans l'eau

La dune allongée

contre les pins maritimes

sable dans les yeux

Mais quelle tristesse !
le geai gisant sur le sol
n'a pas vu la vitre

L'orage est passé

odeur de terre mouillée

et revivifiée

Un double arc-en-ciel
un troisième dans les yeux
de la bien-aimée

Le moulin sans ailes
un morne manchot sur le
mont – émoi sans elle

*Lovée dans la haie
cette vipère lui donne
une chair de poule*

Bignone allons voir

si tes trompettes orange

font ta renommée

Combat de lézards

sur la terrasse brûlante

ces testostérones !

*Lunch des ragondins
tranquilles au bord du lac
ignorant la foule*

Quelle agitation !
rêver à ce mont Fuji
derrière la vague

Rainette égarée
à la recherche de l'eau
trente-cinq à l'ombre

*Odeur de goudron
de la vieille grange noire
c'est la canicule*

Sur la table basse
riédit un verre de bière
partis les amis

L'horizon s'embrase
impression soleil couchant
Monet l'as-tu vu ?

Petit ver luisant
une goutte de la lune
tombée dans les herbes

À la belle étoile
dormir et rêver à une
nouvelle aventure

Moite nuit d'amour

dans les marais indolents

les crapauds coassent

Billes sautillantes

sur le bitume luisant

grêle inattendue

L'été se prolonge

comme si de rien n'était

pas d'indiens en vue

*Travail des fourmis
déplaçant des grains de sable
farniente sur l'herbe*

*La poussière vole
dans le rayon de soleil
le rendant visible*

Assis à son pied

sagesse force et beauté

du vieil olivier

Ils sont silencieux
le couple de promeneurs
et les marronniers

Graines dans les loges

de la grenade éclatée

baisers sur les joues

Sons lointains des cloches
cheminant dans l'air humide
envol d'une pie

*Un pignon de pin
germé dans les graviers noirs
la vie se poursuit*

Plage désertée

ourlée de varechs séchés...

et de détritus

Le ciel et la mer

entremêlés dans la brume

bruissement des vagues

Cri de la chouette
le jardin a revêtu
son manteau de nuit

Demain soir ton cercle
il ne sera plus parfait
vaniteuse lune

Les ombres s'allongent
et les journées raccourcissent
châtaignes au sol

*Mille champignons
dévorent la vieille souche
senteurs de sous-bois*

Au bout de la trace

irisée de l'escargot

l'escargot pensif

Tournoyant dans l'air
une graine de l'érable
l'enfant amusé

Les sanglots longs du
vent d'automne dans les bois
penser à Verlaine

Les yeux dans les cieux
les nuages cotonneux
glissent doucement

Au seuil de la porte

laissée par le hérisson

une crotte noire

La dernière rose

une bourrasque de vent

vole ses pétales

*Les citrouilles poussent
dans les vitrines des villes
masques effrayants*

Dans l'air l'eau les arbres
les atomes des défunts
partout tout autour

*Un V pointillé
dans le ciel gris de novembre
gloussements des grues*

Nuage de lait
dans la tasse de thé chaud
la pluie sur les vitres

Entre chien et loup

grisaillant sous le crachin

une maison morte

P'tite coccinelle
réfugiée dans la maison
froidure au jardin

Trous dans le gazon
raccommodés avec les
aiguilles de pin

*Maussade journée
uniquement la couleur
de ce rouge-gorge*

La Saint Jean d'hiver

confinement et ténèbres

mais rai de lumière

Noël aujourd'hui

accrochées aux peupliers

des boules de gui

On ôte son toit
au repas du réveillon
l'huître ne crie pas

Premier jour de l'an
multiplier la lumière
souhaiter le bonheur

Rencontre imprévue
troublant avec ses yeux bleus
un loup ? non husky

*La neige a ouvert
une grande page blanche
dessins de ses pas*

Diamants de son rire

scintillant dans la maison

l'amour éternel

La tempête gronde
corps emboîtés sous la couette
cherchant le sommeil

Quel matin glacial !
Tout est figé dans le givre
silence de plomb

À l'Épiphanie
une fève en porcelaine
crisse sous la dent

Carcasse noirâtre

du cerisier dans la bise

frissons et tristesse

*Les ultimes feuilles
défient le vent sur le chêne
pour combien de temps ?*

Premier mimosa

quelle couleur ! quel parfum !

toujours fume l'âtre

Retour au foyer

un verre de Pomerol

avec un magret

Ciel jaune et pluvieux
le sable du Sahara
vieillit les photos

Réveil en sursaut

le klaxon strident du train

transperce la nuit

Squelette de feuille
comme une fine dentelle
sur la terre humide

*Quel plaisir de voir
le vol des grues vers le nord !
photos au smartphone*

La planète rouge

s'amourache des Pléiades

Mars au mois de mars

Pétales tombés
du magnolia dénudé
rose est le gazon

Parfum pâtissier
sur l'oranger du jardin
les fleurs sont écloses

Le feu est couvert
rues désertes bars fermés
le silence seul

*Nuit noire au jardin
dans le grand fouillis du ciel
l'étoile polaire*

Face à l'univers

sans commencement ni fin

et les pieds sur terre